Easy Chinese

全新版華語 1

習作A本

目次

一 數字

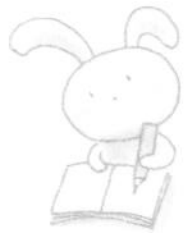

（一）算一算：

把下面的字第二畫塗成●，並算一算共有幾畫，用阿拉伯數字寫出來。

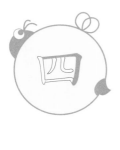

四　5　畫

五　＿＿畫

六　＿＿畫

九　＿＿畫

十　＿＿畫

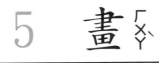

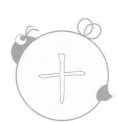

（二）連一連，寫一寫

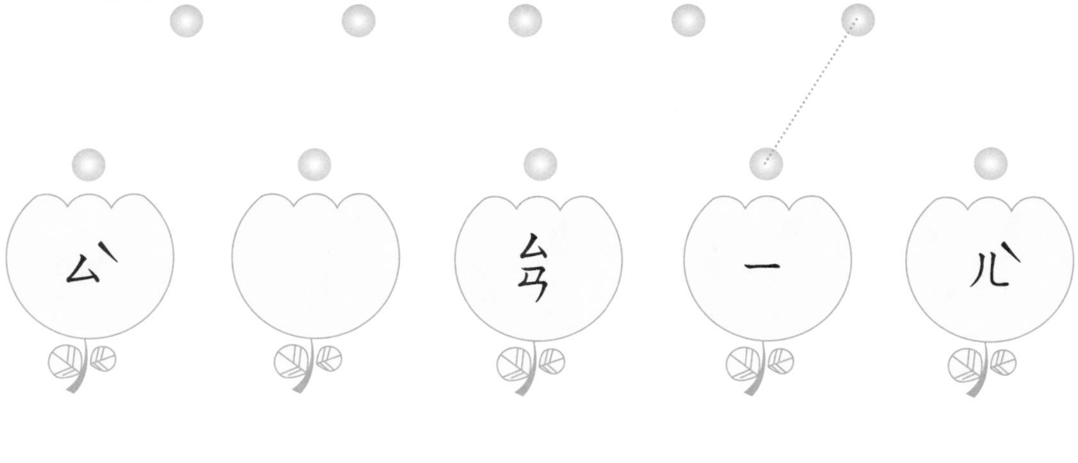

九

十	九	八	七	六

ㄕˊ ㄅㄚ ㄑㄧ ㄌㄧㄡˋ

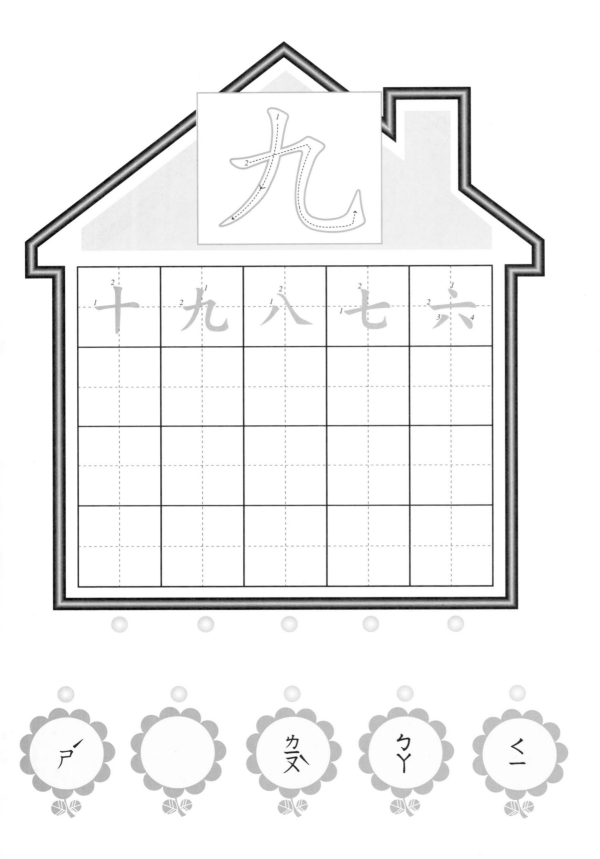

二 今天昨天明天

					訂正 ㄉㄧㄥˋ ㄓㄥˋ
期 ㄑㄧˊ	日 ㄖˋ	月 ㄩㄝˋ	天 ㄊㄧㄢ	今 ㄐㄧㄣ	生字 ㄕㄥ ㄗˋ
月ㄩㄝˋ / 12	日ㄖˋ / 4	月ㄩㄝˋ / 4	大ㄉㄚˋ / 4	人ㄖㄣˊ / 4	部首 ㄅㄨˋ ㄕㄡˇ / 筆畫 ㄅㄧˇ ㄏㄨㄚˋ
期	日	月	天	今	生字練習 ㄕㄥ ㄗˋ ㄌㄧㄢˋ ㄒㄧˊ

星ㄒㄧㄥ 期ㄑㄧˊ	明ㄇㄧㄥˊ 日ㄖˋ	日ㄖˋ 月ㄩㄝˋ	天ㄊㄧㄢ 天ㄊㄧㄢ	今ㄐㄧㄣ 天ㄊㄧㄢ	詞語練習 ㄘˊ ㄩˇ ㄌㄧㄢˋ ㄒㄧˊ
○	○	○	○	○	
○	○	○	○	○

(一)算一算：

把下面的字第三畫塗成●，並算一算共有幾畫，用阿拉伯數字寫出來。

今 4 畫

天 ____ 畫

是 ____ 畫

月 ____ 畫

生 ____ 畫

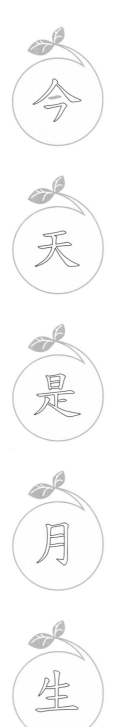

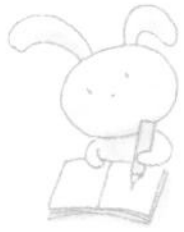

（二）連成一個詞語

昨　數　日　星

字　天　期　曆

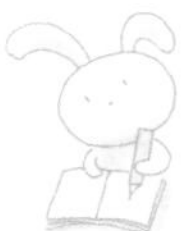

（三）念一念

今天是星期日

昨天是星期□

明天是星期□

二　今天　昨天　明天

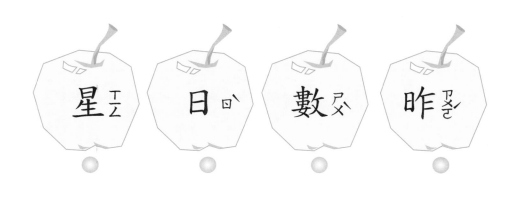

三 超級市場

生字	子	李	少	市	瓜
注音	˙ㄗ	ㄌㄧˇ	ㄕㄠˇ	ㄕˋ	ㄍㄨㄚ
部首	子	木	小	巾	瓜
筆畫	3	7	4	5	5

訂正

生字練習

詞語練習

盒子	李子	多少	超市	瓜子
○	○	○	○	○
盒			超	
○	○	○	○	○

（一）

連（ㄌㄧㄢˊ）一連（ㄌㄧㄢˊ）

李子（ㄌㄧˇ ㄗ˙）　梨子（ㄌㄧˊ ㄗ˙）　西瓜（ㄒㄧ ㄍㄨㄚ）　蘋果（ㄆㄧㄥˊ ㄍㄨㄛˇ）

小黃瓜（ㄒㄧㄠˇ ㄏㄨㄤˊ ㄍㄨㄚ）　南瓜（ㄋㄢˊ ㄍㄨㄚ）　大白菜（ㄉㄚˋ ㄅㄞˊ ㄘㄞˋ）　玉米（ㄩˋ ㄇㄧˇ）

（二）連一連（ㄌㄧㄢˊ ㄧ ㄌㄧㄢˊ）

字　　日　　市　　超

ㄗˋ　　ㄔㄠ　　ㄖˋ　　ㄕˋ

（三）猜一猜（ㄘㄞ ㄧ ㄘㄞ）

天上一個夕陽，（ㄊㄧㄢ ㄕㄤˋ ㄧ ㄍㄜˋ ㄒㄧˋ ㄧㄤˊ）

水中一個夕陽。（ㄕㄨㄟˇ ㄓㄨㄥ ㄧ ㄍㄜˋ ㄒㄧˋ ㄧㄤˊ）

（猜一個字）（ㄘㄞ ㄧ ㄍㄜˋ ㄗˋ）

市

多

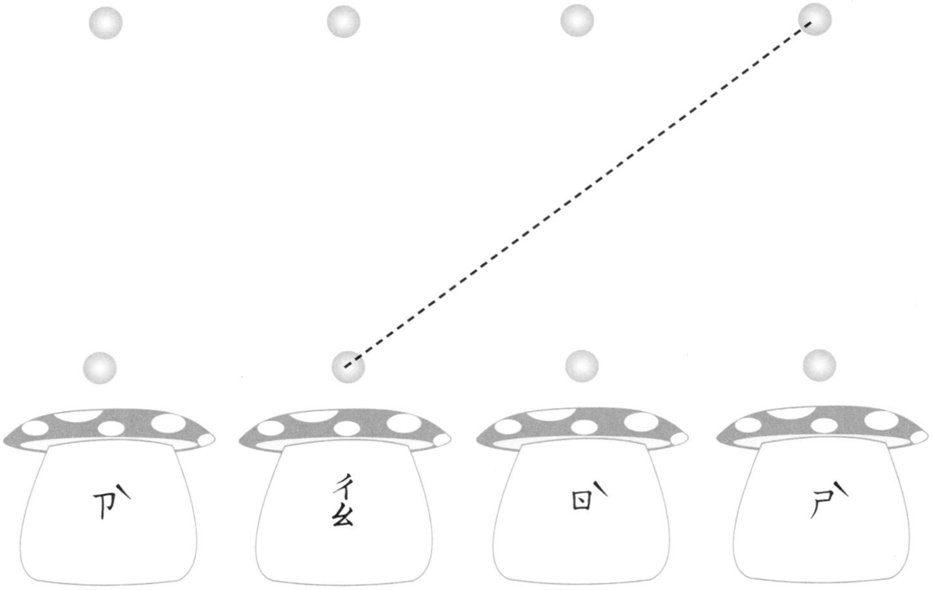

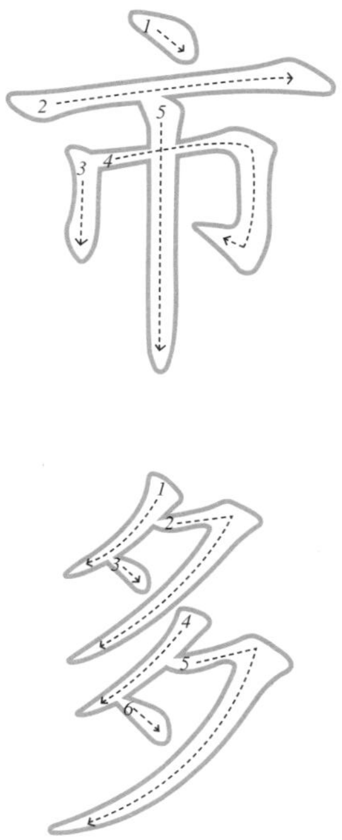

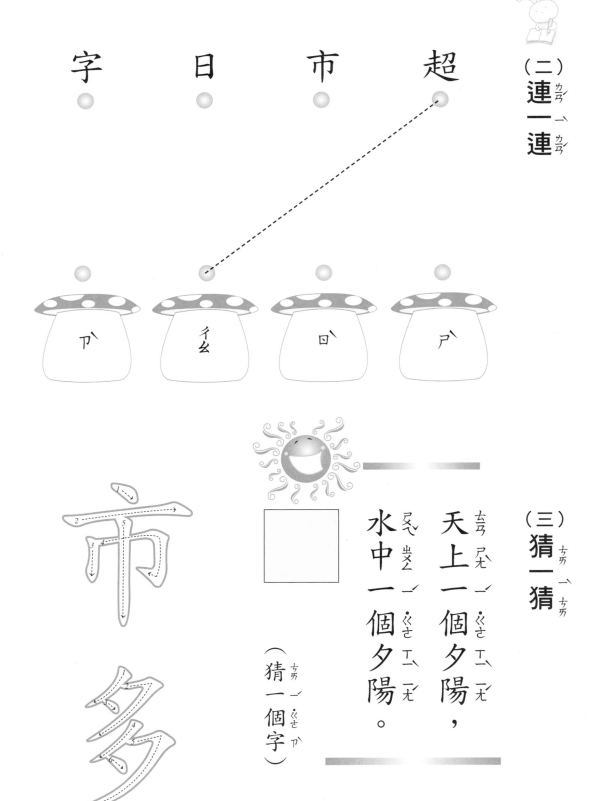

四
好玩的字

訂正 ㄉㄧㄥˋㄓㄥˋ	生字 ㄕㄥㄗˋ	部首ㄅㄨˋㄕㄡˇ / 筆畫ㄅㄧˇㄏㄨㄚˋ	生字練習 ㄕㄥㄗˋㄌㄧㄢˋㄒㄧˊ

水 ㄕㄨㄟˇ	田 ㄊㄧㄢˊ	山 ㄕㄢ	木 ㄇㄨˋ	人 ㄖㄣˊ
水 ㄕㄨㄟˇ　4	田 ㄊㄧㄢˊ　5	山 ㄕㄢ　3	木 ㄇㄨˋ　4	人 ㄖㄣˊ　2
水	田	山	木	人

詞語練習 ㄘˊㄩˇㄌㄧㄢˋㄒㄧˊ

水 ㄕㄨㄟˇ 梨 ㄌㄧˊ	水 ㄕㄨㄟˇ 田 ㄊㄧㄢˊ	南 ㄋㄢˊ 山 ㄕㄢ	山 ㄕㄢ 木 ㄇㄨˋ	大 ㄉㄚˋ 人 ㄖㄣˊ
○	○	○	○	○
				大 ㄉㄚˋ
○	○	○	○	○

(一)寫一寫：用手跟著寫寫看。

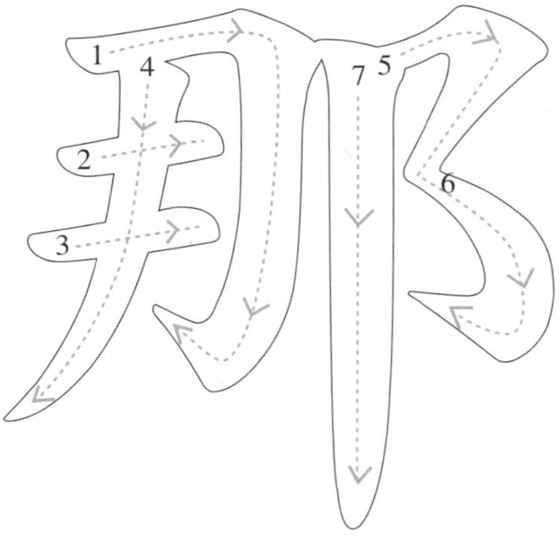

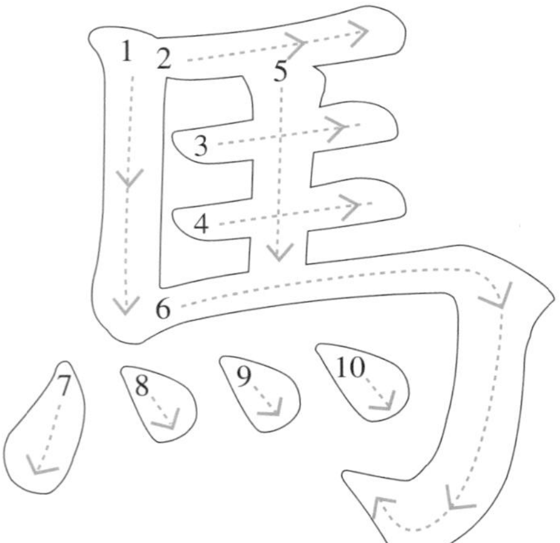

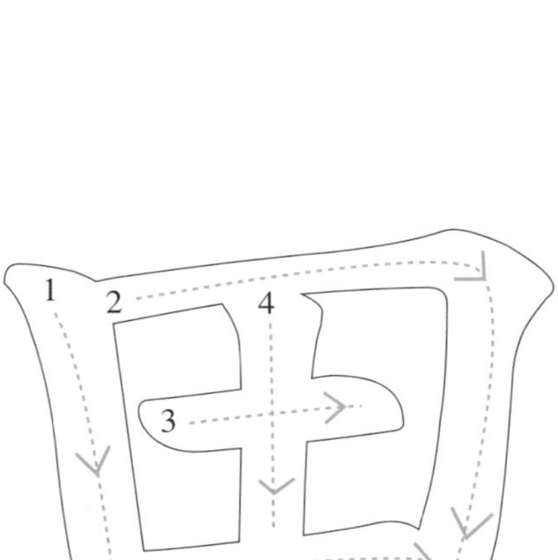

（二）念(ㄋㄧㄢˋ)一(ㄧˊ)念(ㄋㄧㄢˋ)，寫(ㄒㄧㄝˇ)一(ㄧˋ)寫(ㄒㄧㄝˇ)

這(ㄓㄜˋ)是(ㄕˋ)＿＿。

這(ㄓㄜˋ)是(ㄕˋ)＿＿。

這(ㄓㄜˋ)是(ㄕˋ)＿＿。

這(ㄓㄜˋ)是(ㄕˋ)＿＿。

那(ㄋㄚˋ)是(ㄕˋ)＿＿。

那(ㄋㄚˋ)是(ㄕˋ)＿＿。

那(ㄋㄚˋ)是(ㄕˋ)＿＿。

那(ㄋㄚˋ)是(ㄕˋ)＿＿。

這(ㄓㄜˋ)，指(ㄓˇ)近(ㄐㄧㄣˋ)的(˙ㄉㄜ)地(ㄉㄧˋ)方(ㄈㄤ)。

那(ㄋㄚˋ)，指(ㄓˇ)遠(ㄩㄢˇ)的(˙ㄉㄜ)地(ㄉㄧˋ)方(ㄈㄤ)。

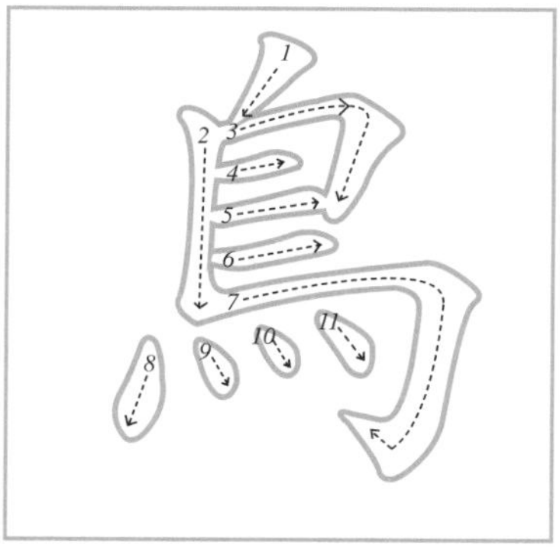

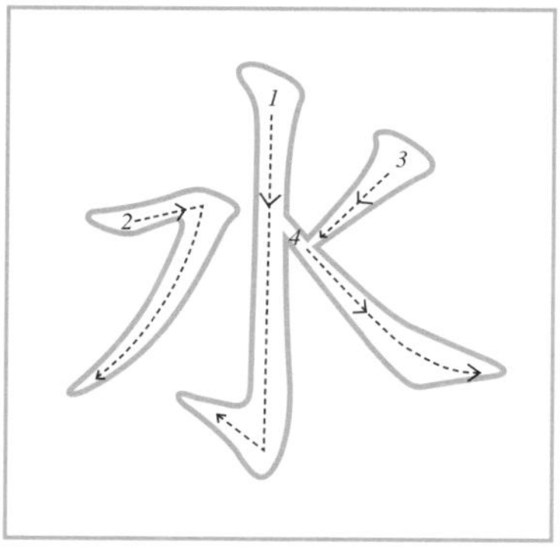

【全新版】華語　第一冊　習作

					訂ㄉㄧㄥˋ正ㄓㄥˋ
沙ㄕㄚ	妙ㄇㄧㄠˋ	石ㄕˊ	個ㄍㄜˋ	小ㄒㄧㄠˇ	生字
水ㄕㄨㄟˇ　7	女ㄋㄩˇ　7	石ㄕˊ　5	人ㄖㄣˊ　10	小ㄒㄧㄠˇ　3	部首／筆畫ㄅㄨˋㄕㄡˇ／ㄅㄧˋㄏㄨㄚˋ
沙	妙	石	個	小	生字練習ㄕㄥㄗˋㄌㄧㄢˋㄒㄧˊ

					詞語練習ㄘˊㄩˇㄌㄧㄢˋㄒㄧˊ
沙ㄕㄚ子ㄗˇ	不ㄅㄨˋ妙ㄇㄧㄠˋ	石ㄕˊ粒ㄌㄧˋ	一ㄧˊ個ㄍㄜˋ	小ㄒㄧㄠˇ鳥ㄋㄧㄠˇ	
○	○	○	○	○	
	不ㄅㄨˋ				
○	○	○	○	○

(一) 讀一讀（ㄉㄨˊ ㄧˋ ㄉㄨˊ）

沙子（ㄕㄚ ˙ㄗ）

砂鍋（ㄕㄚ ㄍㄨㄛ）

沙 — 水 — 少 — 金 — 鈔

紗 — 糸 — 少 — 石 — 砂

白紗（ㄅㄞˊ ㄕㄚ）

鈔票（ㄔㄠ ㄆㄧㄠˋ）

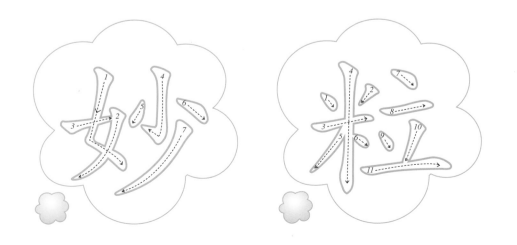

妙　粒

（二）猜一猜（ㄘㄞ ㄧ ㄘㄞ）

會立正的米。（ㄏㄨㄟˋ ㄌㄧˋ ㄓㄥ ˙ㄉㄜ ㄇㄧˇ）

（猜一個字）（ㄘㄞ ㄧ ㄍㄜˋ ㄗˋ）

（三）比一比：意思相反的字連一連，念一念。
（ㄅㄧˇ ㄧ ㄅㄧˇ ㄧˋ ㄙ ㄒㄧㄤ ㄈㄢˇ ㄉㄜ˙ ㄗˋ ㄌㄧㄢˊ ㄧ ㄌㄧㄢˊ ㄋㄧㄢˋ ㄧ ㄋㄧㄢˋ）

女人（ㄋㄩˇ ㄖㄣˊ）—— 女（ㄋㄩˇ）

這裡（ㄓㄜˋ ㄌㄧˇ）—— 這（ㄓㄜˋ）

很少（ㄏㄣˇ ㄕㄠˇ）—— 少（ㄕㄠˇ）

小孩（ㄒㄧㄠˇ ㄏㄞˊ）—— 小（ㄒㄧㄠˇ）

大（ㄉㄚˋ）—— 大人（ㄉㄚˋ ㄖㄣˊ）

多（ㄉㄨㄛ）—— 很多（ㄏㄣˇ ㄉㄨㄛ）

那（ㄋㄚˋ）—— 那裡（ㄋㄚˋ ㄌㄧˇ）

男（ㄋㄢˊ）—— 男人（ㄋㄢˊ ㄖㄣˊ）

六
上下左右

訂正ㄉㄧㄥˋㄓㄥˋ					
白ㄅㄞ	右ㄧㄡˋ	左ㄗㄨㄛˇ	下ㄒㄧㄚˋ	上ㄕㄤˋ	生字ㄕㄥㄗˋ
白ㄅㄞ／5	口ㄎㄡˇ／5	工ㄍㄨㄥ／5	一／3	一／3	部首／筆畫ㄅㄨˋㄕㄡˇ／ㄅㄧˇㄏㄨㄚˋ
白	右	左	下	上	生字練習ㄕㄥㄗˋㄌㄧㄢˋㄒㄧ

白ㄅㄞ	右ㄧㄡˋ	左ㄗㄨㄛˇ	下ㄒㄧㄚˋ	上ㄕㄤˋ	詞語練習ㄘˊㄩˇㄌㄧㄢˋㄒㄧ
沙ㄕㄚ	上ㄕㄤˋ	右ㄧㄡˋ	山ㄕㄢ	山ㄕㄢ	
○	○	○	○	○	
○	○	○	○	○

(一)念一念：上面的花，可以種在下面的盆子裡嗎？

前 ㄑㄧㄢˊ　左 ㄗㄨㄛˇ　上 ㄕㄤˋ

後 ㄏㄡˋ　右 ㄧㄡˋ　下 ㄒㄧㄚˋ

邊 ㄅㄧㄢ　方 ㄈㄤ　面 ㄇㄧㄢˋ

（二）寫一寫

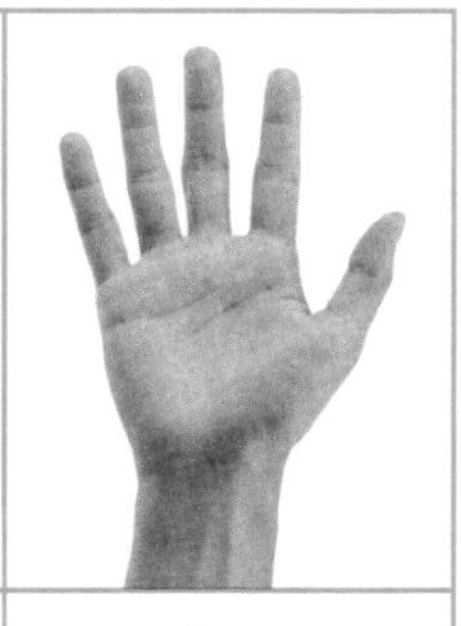	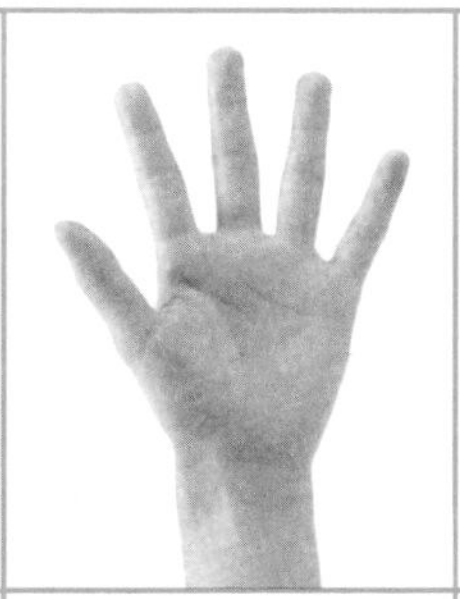		
這是（　ㄧㄡˋ　）手	這是（　ㄗㄨㄛˇ　）手	牛在（　ㄑㄧㄢˊ　）面	山在（　ㄏㄡˋ　）面

（三）那和哪有什麼不同？

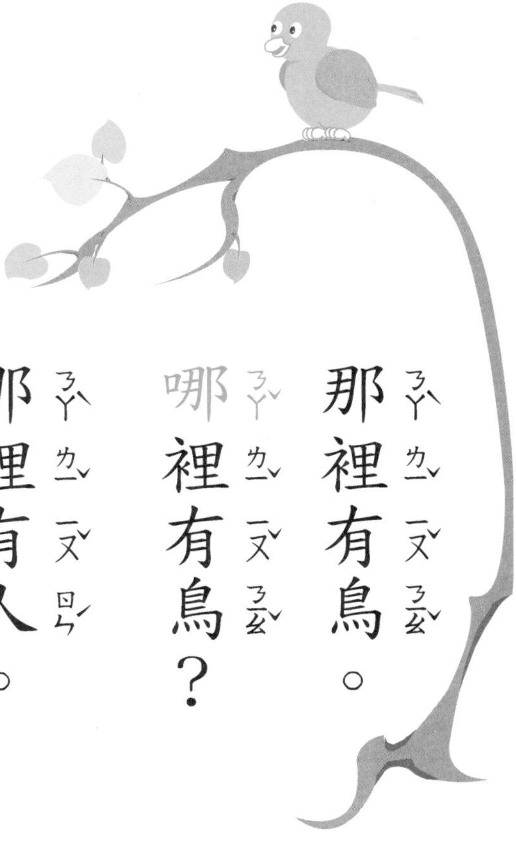

那裡有鳥。

哪裡有鳥？

那裡有人。

哪裡有人？

★前面一句是敘述句。

★後面一句是問句。

★一個讀ㄋㄚˋ，一個讀ㄋㄚˇ。

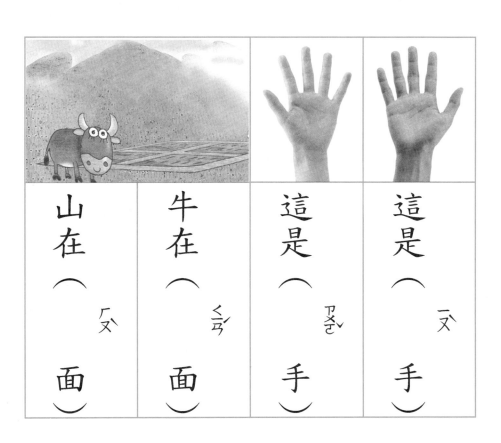

七 我

訂正（ㄉㄧㄥˋ ㄓㄥˋ）

生字（ㄕㄥ ㄗˋ）

生字	注音	部首	筆畫
我	ㄨㄛˇ	戈（ㄍㄜ）	7
名	ㄇㄧㄥˊ	口（ㄎㄡˇ）	6
爸	ㄅㄚˋ	父（ㄈㄨˋ）	8
久	ㄐㄧㄡˇ	丿（ㄆㄧㄝ）	3
叫	ㄐㄧㄠˋ	口（ㄎㄡˇ）	5

生字練習（ㄕㄥ ㄗˋ ㄌㄧㄢˋ ㄒㄧˊ）

我 名 爸 久 叫

詞語練習（ㄘˊ ㄩˇ ㄌㄧㄢˋ ㄒㄧˊ）

- 我的（ㄨㄛˇ ˙ㄉㄜ）。
- 名字（ㄇㄧㄥˊ ˙ㄗ）。
- 爸爸（ㄅㄚˋ ˙ㄅㄚ）。
- 太久（ㄊㄞˋ ㄐㄧㄡˇ）。
- 叫他（ㄐㄧㄠˋ ㄊㄚ）。

太

。 。 。 。 。

（一）讀一讀

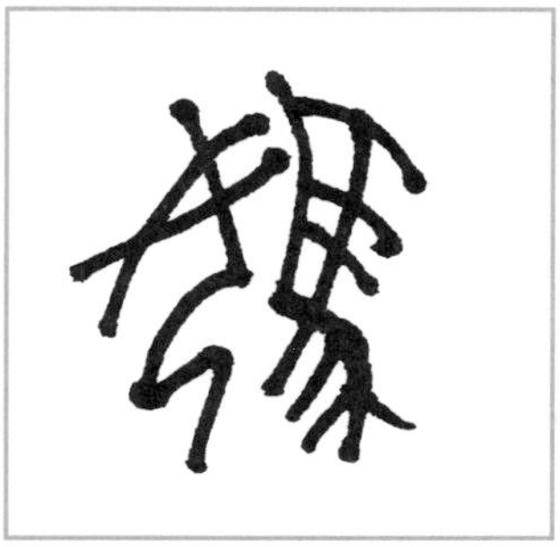

媽

，是「女」和「馬」合起來的字。

媽是「形聲字」。

「女」是女人。

「馬」是表示叫這個女人的聲音。

姐（ㄐㄧㄝˇ ㄐㄧㄝ）

妹（ㄇㄟˋ ˙ㄇㄟ）

奶（ㄋㄞˇ ˙ㄋㄞ）

★這些字也是形聲字。

(二)先(ㄒㄧㄢ)注(ㄓㄨˋ)音(ㄧㄣ)，再(ㄗㄞˋ)造(ㄗㄠˋ)詞(ㄘˊ)

1. 名 → ____ ____
2. 爸 → ____ ____
3. 愛 → 愛 ____
4. 們 → ____ 們
5. 叫 → ____ ____

(三)填(ㄊㄧㄢˊ)一(ㄧˋ)填(ㄊㄧㄢˊ)

1. 爸(ㄅㄚˋ)爸(˙ㄅㄚ)大(ㄉㄚˋ)我(ㄨㄛˇ)＿＿＿＿歲(ㄙㄨㄟˋ)。
2. 媽(ㄇㄚ)媽(˙ㄇㄚ)大(ㄉㄚˋ)我(ㄨㄛˇ)＿＿＿＿歲(ㄙㄨㄟˋ)。
3. 爸(ㄅㄚˋ)爸(˙ㄅㄚ)大(ㄉㄚˋ)媽(ㄇㄚ)媽(˙ㄇㄚ)＿＿＿＿歲(ㄙㄨㄟˋ)。
4. 我(ㄨㄛˇ)大(ㄉㄚˋ)你(ㄋㄧˇ)＿＿＿＿歲(ㄙㄨㄟˋ)。
5. 他(ㄊㄚ)大(ㄉㄚˋ)我(ㄨㄛˇ)＿＿＿＿歲(ㄙㄨㄟˋ)。

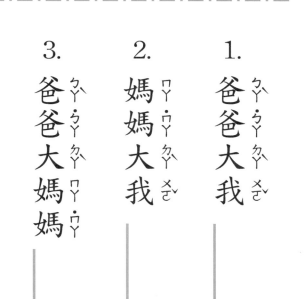

八 哥哥

訂正

生字	好	安	午	妹	停
部首	女	宀	十	女	人
筆畫	6	6	4	8	11

生字練習

好 安 午 妹 停

詞語練習

好人	早安	午安	妹妹	停止

(一) 看一看，字要怎麼寫

1. 分成左右兩部分的字，先寫左邊，再寫右邊。

字	筆畫	部件	字
昨	9	日	昨
妙	7	女	妙
說	14	言	說
後	9	彳	後
粒	11	米	粒
那	7	月	那

2. 分成上下兩部分的字，先寫上面，再寫下面。

字	筆畫	部件	字
星	9	日	星
是	9	日	是
梨	11	利	梨
雲	12	雨	雲
早	6	日	早
栗	10	西	栗

（二）寫一寫：請爸爸、媽媽告訴你每一個成語的意思。

ㄅㄚ ㄒㄧㄢ ㄍㄨㄛˋ ㄏㄞˇ	ㄦˋ ㄅㄚ ㄐㄧㄚ ㄖㄣˊ	ㄑㄧ ㄕㄤˋ ㄅㄚ ㄒㄧㄚˋ	ㄨㄞ ㄑㄧ ㄋㄧㄡˇ ㄅㄚ
□仙過海	□□佳□	□□□□	歪七扭八

（三）念一念

妹妹愛磨墨

妹妹摸摸眉

妹妹的眉上有墨

臉上都是墨眉

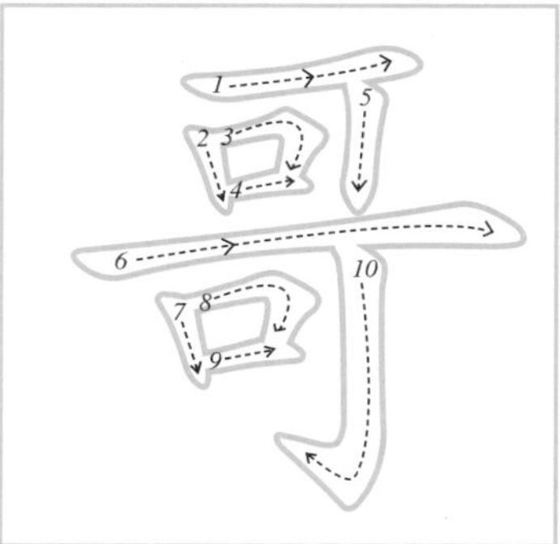

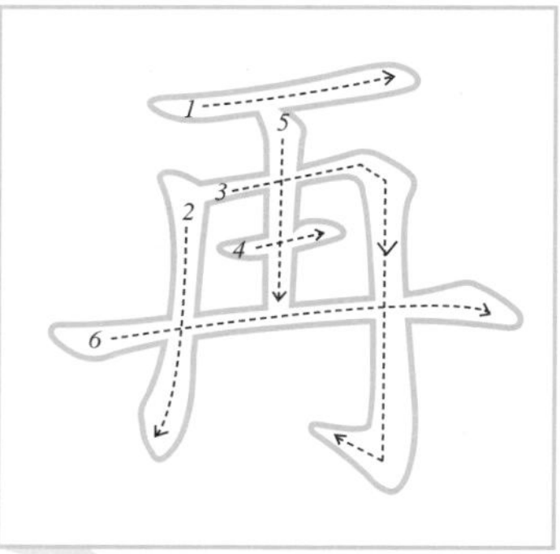

九 爺爺和奶奶

訂正

生字	扶	奶	外	走	得
部首	手	女	夕	走	彳
筆畫	7	6	5	7	11

生字練習

扶 奶 外 走 得

詞語練習

扶人	奶奶	外面	再走	得名
。	。	。	。	。
。	。	。	。	。

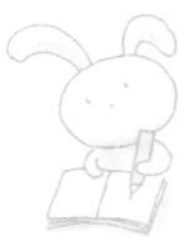

(一)連一連

期：□□

後：□□

數：□□

左右一樣大

左小右大

左大右小

沙得媽個停

粒頭妹外

那到

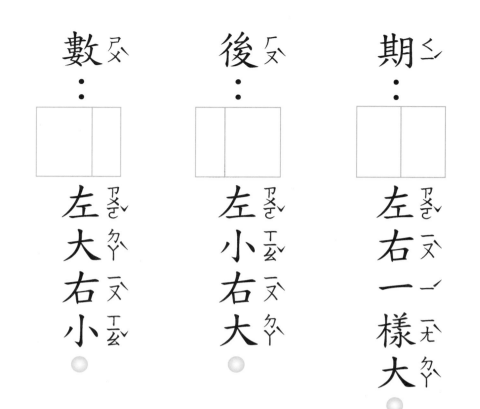

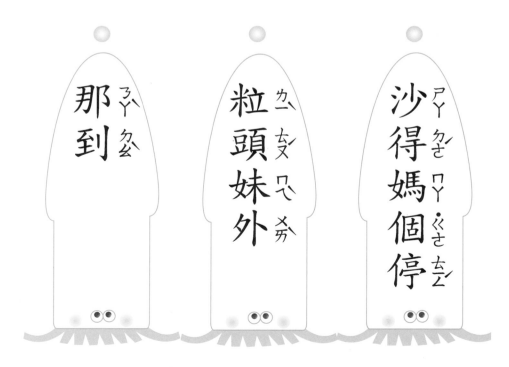

(二)念一念

馬上有個美少女

馬下有顆小石粒

少女騎馬上街去

馬上買到一條魚

十 春天來了

訂正					

	綠	滿	黃	原	長
生字	綠 ㄌㄩˋ	滿 ㄇㄢˇ	黃 ㄏㄨㄤˊ	原 ㄩㄢˊ	長 ㄓㄤˇ
部首 / 筆畫	糸 ㄇㄧˋ / 14	水 ㄕㄨㄟˇ / 14	黃 ㄏㄨㄤˊ / 12	厂 ㄏㄢˇ / 10	長 ㄓㄤˇ / 8
生字練習	綠	滿	黃	原	長

詞語練習					
	綠草	坐滿	黃魚	原來	長高
	。	。	。	。	。
	。	。	。	。	。

(一)填一填：把正確的詞語填在適當的（　）裡。

田裡　山坡　水裡

1.（　　）有好多魚。

2.（　　）有一頭牛。

3.（　　）上開滿小花。

4.（　　）上有一匹馬。

5.（　　）有大大的西瓜。

（二）**填一填**（ㄊㄧㄢˊ ㄧ ㄊㄧㄢˊ）：看（ㄎㄢˋ）圖（ㄊㄨˊ）填（ㄊㄧㄢˊ）一填，完（ㄨㄢˊ）成（ㄔㄥˊ）句（ㄐㄩˋ）子（ㄗ˙）。

（　）	哥哥（ㄍㄜ ㄍㄜ˙）	爸爸（ㄅㄚˋ ㄅㄚ˙）
	和（ㄏㄢˋ）	
（　）	妹妹（ㄇㄟˋ ㄇㄟ˙）	媽媽（ㄇㄚ ㄇㄚ˙）
	在（ㄗㄞˋ）	
（　）草（ㄘㄠˇ）	（　）	打（ㄉㄚˇ）球（ㄑㄧㄡˊ）

綠

滿

開

十一 誰的耳朵好

訂正						
生字	耳（ㄦˇ）	低（ㄉㄧ）	狗（ㄍㄡˇ）	朵（ㄉㄨㄛˇ）	見（ㄐㄧㄢˋ）	很（ㄏㄣˇ）
部首／筆畫	耳 / 6	人 / 7	犬 / 8	木 / 6	目 / 7	彳 / 9
生字練習	耳	低	狗	朵	見	很

詞語練習	耳朵（ㄦˇ ˙ㄉㄨㄛ）	好低（ㄏㄠˇ ㄉㄧ）	白狗（ㄅㄞˊ ㄍㄡˇ）	花朵（ㄏㄨㄚ ㄉㄨㄛˇ）	看見（ㄎㄢˋ ㄐㄧㄢˋ）	很好（ㄏㄣˇ ㄏㄠˇ）
	。	。	。	。	。	。
	。	。	。	。	。	。

(一)看一看：看圖畫出古時候的字。

象	貓	狗

象形字。字有象頭、鼻、四腳、尾巴的形狀。	形聲字。左邊的「豸」，像一隻長背的動物。右邊的「苗」，是貓叫ㄇㄠ ㄇㄠ的聲音。	形聲字。左邊的「犬」，字像一隻大狗。右邊的「句」，是字的聲音。古時候大的狗叫犬；小的叫狗。

（二）猜一猜

兩個好朋友
住在山兩邊
說話都聽見
到老不見面
（猜身上的一種器官）

猜一個字

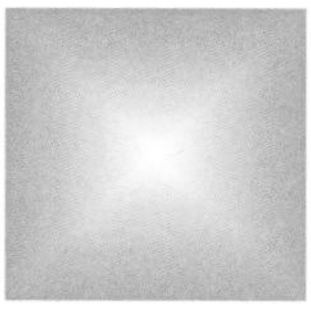

猜一猜它是什麼？
用金屬做的，
苗是它的讀音。
原來它是
讀成 ㄇㄠˊ
和「貓」音很接近吧！

今天早上不一樣

（今ㄐㄧㄣ 天ㄊㄧㄢ 早ㄗㄠˇ 上ㄕㄤˋ 不ㄅㄨˋ 一ㄧˊ 樣ㄧㄤˋ）

生字	門 ㄇㄣˊ	笑 ㄒㄧㄠˋ	著 ˙ㄓㄜ	陽 ㄧㄤˊ	空 ㄎㄨㄥ	風 ㄈㄥ
部首／筆畫	門 ㄇㄣˊ／8	竹 ㄓㄨˊ／10	艸 ㄘㄠˇ／12	阜 ㄈㄨˋ／12	穴 ㄒㄩㄝˊ／8	風 ㄈㄥ／9
生字練習	門	笑	著	陽	空	風

詞語練習						
	大門 ㄉㄚˋ ㄇㄣˊ	說笑 ㄕㄨㄛ ㄒㄧㄠˋ	唱著 ㄔㄤˋ ˙ㄓㄜ	太陽 ㄊㄞˋ ㄧㄤˊ	天空 ㄊㄧㄢ ㄎㄨㄥ	冷風 ㄌㄥˇ ㄈㄥ
	。	。	。	。	。	。
	。	。	。	。	。	。

(一)填一填：把正確的詞語填在（　）裡。

空中　冬天　春風　太陽

1.（　　　）時常會下雪。

2.（　　　）輕輕的吹過草原。

3. 小鳥在（　　　）飛。

今天的（　　　）好大。

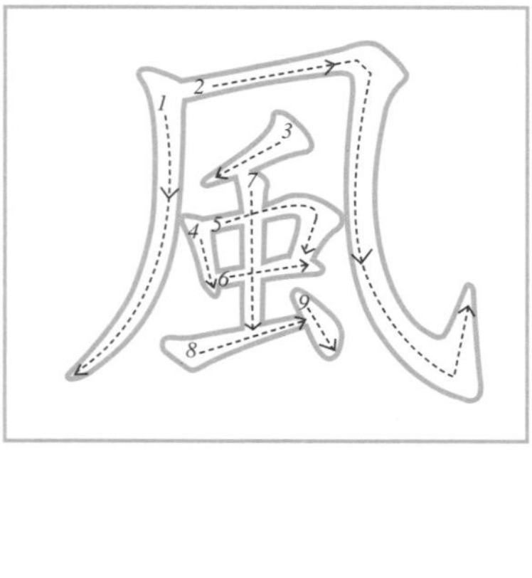

（二）連一連，讀一讀
ㄌㄧㄢˊ ㄧˋ ㄌㄧㄢˊ ㄉㄨˊ ㄧˋ ㄉㄨˊ

1. 今天早上
ㄐㄧㄣ ㄊㄧㄢ ㄗㄠˇ ㄕㄤ
●

2. 哥哥
ㄍㄜ ˙ㄍㄜ
●

3. 大象和小狗
ㄉㄚˋ ㄒㄧㄤˋ ㄏㄢˋ ㄒㄧㄠˇ ㄍㄡˇ
●

4. 你喜歡
ㄋㄧˇ ㄒㄧˇ ㄏㄨㄢ
●

誰的耳朵大？
ㄕㄟˊ ˙ㄉㄜ ㄦˇ ˙ㄉㄨㄛ ㄉㄚˋ
●

紅花還是黃花？
ㄏㄨㄥˊ ㄏㄨㄚ ㄏㄞˊ ㄕˋ ㄏㄨㄤˊ ㄏㄨㄚ
●

有什麼不一樣？
ㄧㄡˇ ㄕㄣˊ ˙ㄇㄜ ㄅㄨˋ ㄧˊ ㄧㄤˋ
●

會不會唱歌？
ㄏㄨㄟˋ ㄅㄨˋ ㄏㄨㄟˋ ㄔㄤˋ ㄍㄜ
●

【全新版】華語習作A本第一冊

總 主 編◎蘇月英
編撰委員◎蘇月英、李春霞、胡曉英、詹月現、蘇　蘭
　　　　　吳建衛、夏婉雲、鄒敦怜、林麗麗、林麗眞
責任編輯◎李金瑛
插　　畫◎張振松、卓昆峰、鄭巧俐
美術設計◎利曉文
封面設計◎賴佳玲
發 行 人◎曾高燦
出版發行◎流傳文化事業股份有限公司
地　　址◎(231)新北市新店區復興路 43 號 4 樓
電　　話◎(02)8667-6565
傳　　眞◎(02)2218-5221
郵撥帳號◎19423296
網　　址◎http://www.ccbc.com.tw
　　　　　E-mail:service@ccbc.com.tw
香港分公司◎集成圖書有限公司－香港皇后大道中283號聯威商業中心8字樓C室
　　　　　TEL：(852)23886172-3 · FAX：(852)23886174
美國辦事處◎中華書局－135-29 Roosevelt Ave. Flushing, NY 11354 U.S.A.
　　　　　TEL：(718)3533580 · FAX：(718)3533489
日本總經銷◎光儒堂－東京都千代田區神田神保町一丁目五六番地
　　　　　TEL：(03)32914344 · FAX：(03)32914345

出版日期◎西元 2002 年 11 月臺初版（50008）
　　　　　西元 2004 年 3 月臺二版（50021）
　　　　　西元 2010 年 4 月臺三版一刷（50140）
　　　　　西元 2011 年 3 月臺三版二刷
印　　刷◎世新大學出版中心

分類號碼◎802.85.060
ISBN 978-986-7397-40-9

定　　價：60 元

十二 今天早上不一樣

訂正

生字	注音	部首	筆畫
門	ㄇㄣˊ	門	8
笑	ㄒㄧㄠˋ	竹	10
著	˙ㄓㄜ	艸	12
陽	ㄧㄤˊ	阜	12
空	ㄎㄨㄥ	穴	8
風	ㄈㄥ	風	9

生字練習

詞語練習

詞語	注音
大門	ㄉㄚˋ ㄇㄣˊ
說笑	ㄕㄨㄛ ㄒㄧㄠˋ
唱著	ㄔㄤˋ ˙ㄓㄜ
太陽	ㄊㄞˋ ㄧㄤˊ
天空	ㄊㄧㄢ ㄎㄨㄥ
冷風	ㄌㄥˇ ㄈㄥ

(一) 填一填：把正確的詞語填在（　）裡。

空中　冬天　春風　太陽

1. （　　　）時常會下雪。
2. （　　　）輕輕的吹過草原。
3. 小鳥在（　　　）飛。
4. 今天的（　　　）好大。

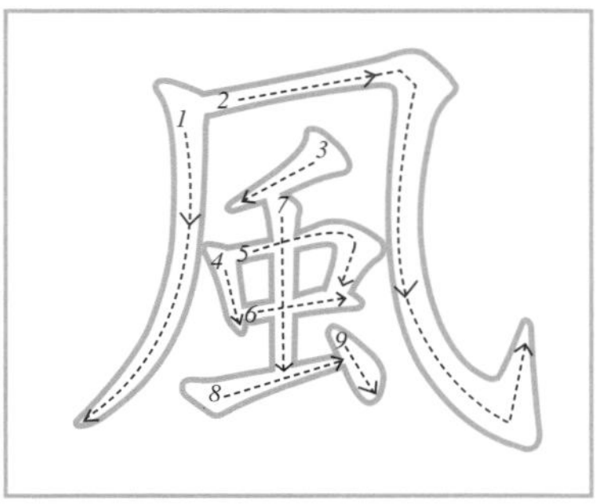

（二）連一連，讀一讀

1. 今天早上
2. 哥哥
3. 大象和小狗
4. 你喜歡

- 誰的耳朵大？
- 紅花還是黃花？
- 有什麼不一樣？
- 會不會唱歌？

【全新版】華語習作A本第一冊

總 主 編◎蘇月英
編撰委員◎蘇月英、李春霞、胡曉英、詹月現、蘇　蘭
吳建衛、夏婉雲、鄒敦怜、林麗麗、林麗眞
責任編輯◎李金瑛
插　　畫◎張振松、卓昆峰、鄭巧俐
美術設計◎利曉文
封面設計◎賴佳玲
發 行 人◎曾高燦
出版發行◎流傳文化事業股份有限公司
地　　址◎(231)新北市新店區復興路43號4樓
電　　話◎(02)8667-6565
傳　　眞◎(02)2218-5221
郵撥帳號◎19423296
網　　址◎http://www.ccbc.com.tw
E-mail:service@ccbc.com.tw
香港分公司◎集成圖書有限公司－香港皇后大道中283號聯威商業中心8字樓C室
TEL：(852)23886172-3・FAX：(852)23886174
美國辦事處◎中華書局－135-29 Roosevelt Ave. Flushing, NY 11354 U.S.A.
TEL：(718)3533580・FAX：(718)3533489
日本總經銷◎光儒堂－東京都千代田區神田神保町一丁目五六番地
TEL：(03)32914344・FAX：(03)32914345

出版日期◎西元2002年11月臺初版（50008）
西元2004年 3月臺二版（50021）
西元2010年 4月臺三版一刷（50140）
西元2011年 3月臺三版二刷
印　　刷◎世新大學出版中心

分類號碼◎802.85.060
ISBN 978-986-7397-40-9

定　　價：60元